CONOCE LAS CIENCIAS BIOLÓGICAS

LOS PROTISTAS

KATE MIKOLEY

TRADUCIDO POR ALBERTO JIMÉNEZ

Gareth Stevens PUBLISHING

ENCONTEXTO

Please visit our website, www.garethstevens.com. For a free color catalog of all our high-quality books, call toll free 1-800-542-2595 or fax 1-877-542-2596.

Cataloging-in-Publication Data

Names: Mikoley, Kate.

Names: Mikoley, Kate, author.
Title: Los Protistas / Kate Mikoley.
Description: New York : Gareth Stevens Publishing, [2020] | Series: Conoce Las Ciencias Biológicas | Includes index.
Identifiers: LCCN 2019028447 | ISBN 9781538250808 (library binding) | ISBN 9781538250785 (paperback) | ISBN 9781538250792 (6 Pack) | ISBN 9781538250815 (ebook)
Subjects: LCSH: Protista--Juvenile literature.
Classification: LCC QR74.5 .M55 2020 | DDC 579--dc23
LC record available at https://lccn.loc.gov/2019028447

First Edition

Published in 2020 by
Gareth Stevens Publishing
111 East 14th Street, Suite 349
New York, NY 10003

Translator: Alberto Jiménez
Editor, Spanish: Rossana Zuñiga
Designer: Reann Nye
Editor: Kate Mikoley

Photo credits: Series art MriMan/Shutterstock.com; cover, pp. 1, 30 (middle) Lebendkulturen.de/Shutterstock.com; p. 5 Calvvin/Shutterstock.com; p. 7 corbac40/Shutterstock.com; pp. 9, 30 (bottom) Simia Attentive/Shutterstock.com; p. 11 Viktoriia Hnatiuk/Shutterstock.com; p. 13 Adwo/Shutterstock.com; p. 15 Paul Whitted/Shutterstock.com; p. 17 STEVE GSCHMEISSNER/SCIENCE PHOTO LIBRARY/Science Photo Library/Getty Images Plus/Getty Images; p. 19 Roland Birke/Photolibrary/Getty Images Plus/Getty Images; p. 21 Amir Ridhwan/Shutterstock.com; p. 23 Khalit Chaush-ogly/Shutterstock.com; p. 25 Matt Meadows/Photolibrary/Getty Images Plus/Getty Images; p. 27 Gorodenkoff/Shutterstock.com; p. 29 Henri Koskinen/Shutterstock.com; p. 30 (top) C N Elliott/Shutterstock.com.

Printed in the United States of America

CPSIA compliance information: Batch #CW20GS: For further information contact Gareth Stevens, New York, New York at 1-800-542-2595.

CONTENIDO

Pequeñas formas de vida 4

Una gama de protistas 8

Todo sobre las algas 12

Actuar como animales 16

Protistas pegajosos 22

Protistas geniales 26

Vivir como un protista 30

Glosario 31

Para más información 32

Índice 32

Las palabras del glosario se muestran en **negrita** la primera vez que aparecen en el texto.

PEQUEÑAS FORMAS DE VIDA

El mundo está lleno de seres vivos llamados organismos. seguro que ves plantas y animales todos los días. Sin embargo, algunos seres vivos no son tan fáciles de detectar. Un protista es un tipo de organismo diminuto normalmente formado por una célula.

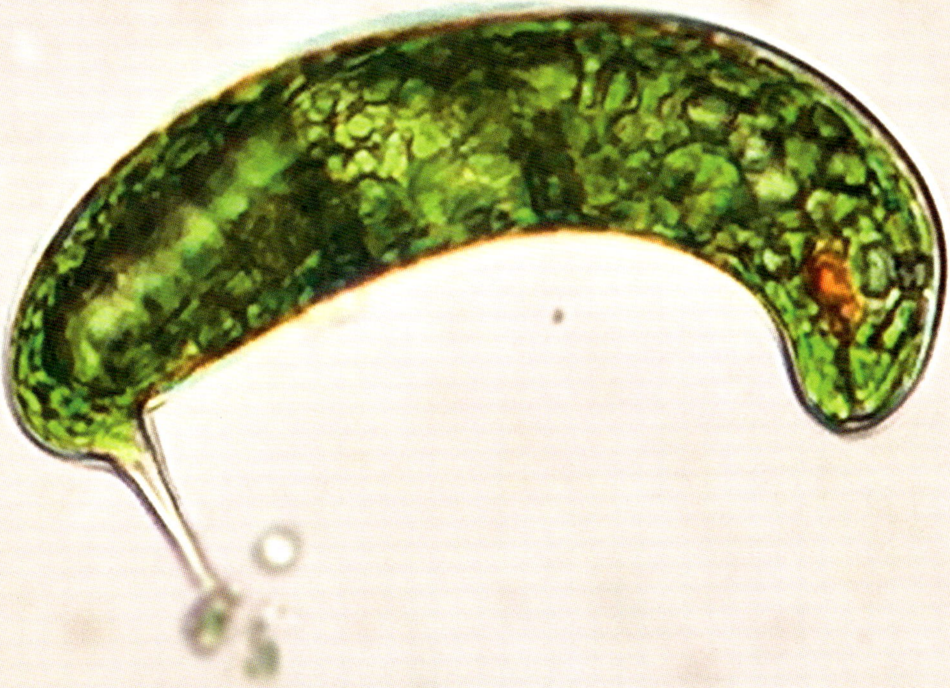

SI QUIERES SABER MÁS

Cuando un organismo está formado por una sola célula, se llama unicelular. La mayoría de los protistas, no todos, son unicelulares.

Los protistas son eucariontes, o eucariotas, organismos que tienen una **membrana** alrededor del **núcleo** y que hace que este sea fácil de ver. Los animales, las plantas y los **hongos** también son ejemplos de eucariotas. Sin embargo, los protistas a menudo tienen características diferentes.

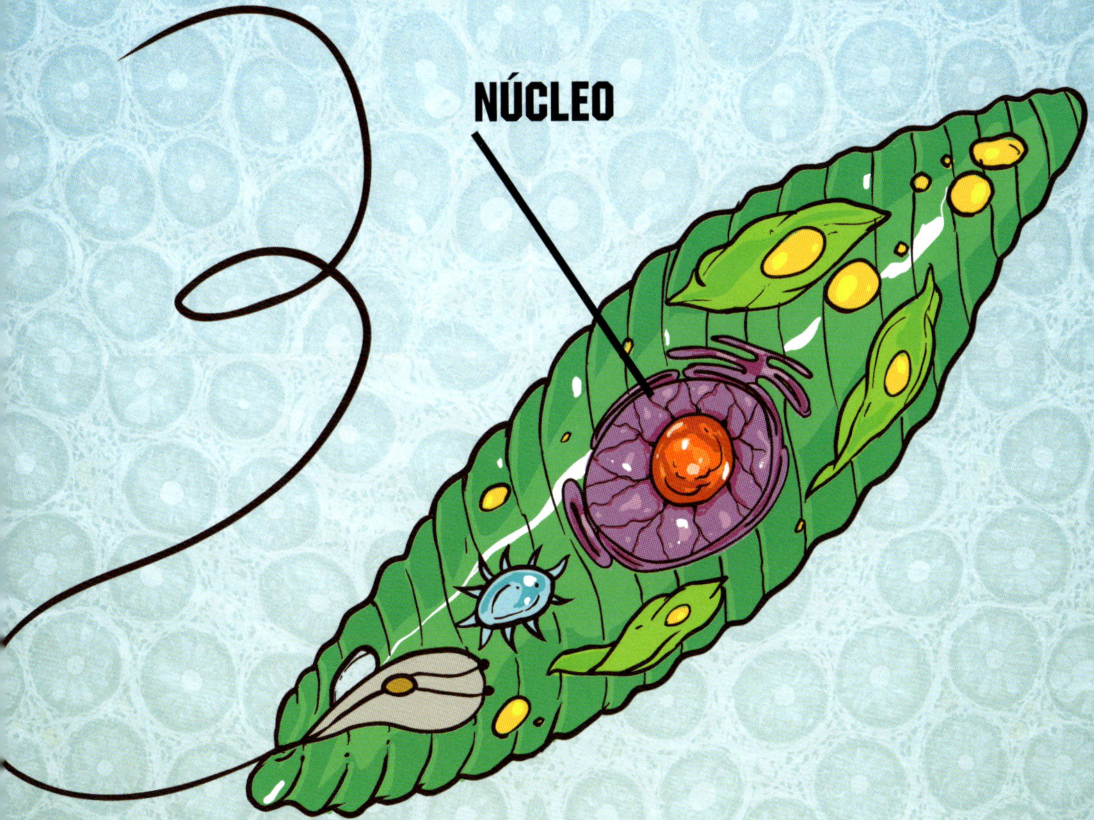

SI QUIERES SABER MÁS

La palabra "protista" suele utilizarse para referirse a cualquier eucariota que no sea una planta, un animal o un hongo.

UNA GAMA DE PROTISTAS

Hay miles de especies, o clases, de protistas. De una especie a otra, estos organismos pueden ser muy diferentes entre sí. Algunos tipos de protistas se mueven y actúan como animales, mientras que otros actúan más bien como si fueran plantas u hongos.

SI QUIERES SABER MÁS

Algunos protistas son solitarios, lo que significa que viven solos. Otros se unen y forman grupos llamados colonias.

Muchos tipos de protistas viven en el agua, otros en la tierra, pero siguen necesitando agua para sobrevivir. Estos protistas se encuentran en áreas **húmedas**. ¡Algunos incluso viven dentro de los animales! A estos se les llama parásitos.

SI QUIERES SABER MÁS

Muchos protistas son tan pequeños que solo se pueden ver con un instrumento llamado microscopio.

TODO SOBRE LAS ALGAS

Si alguna vez has nadado en un océano o un lago, es probable que estés familiarizado con al menos un tipo de protista, ¡aunque no lo sepas! Las algas son protistas que suelen vivir en el agua. A menudo se ven y actúan como plantas.

SI QUIERES SABER MÁS

Los protistas que actúan como plantas hacen su alimento mediante **fotosíntesis**.

Las algas que crecen en el océano se llaman algas marinas. Un tipo llamado *kelp* es ejemplo de protista con muchas células. Mientras que la mayoría de los protistas son muy pequeños, algunos tipos de *kelp* ¡pueden tener más de 200 pies (61 m) de largo!

SI QUIERES SABER MÁS

El *kelp* gigante es el mayor protista conocido en el mundo hoy.

ACTUAR COMO ANIMALES

Los protozoos son una especie de protistas que a veces actúan como animales. Algunos se desplazan y obtienen **nutrientes** alimentándose de otros organismos. Muchos protozoos comen bacterias y otros protistas. ¡Algunos, incluso, comen animales pequeños!

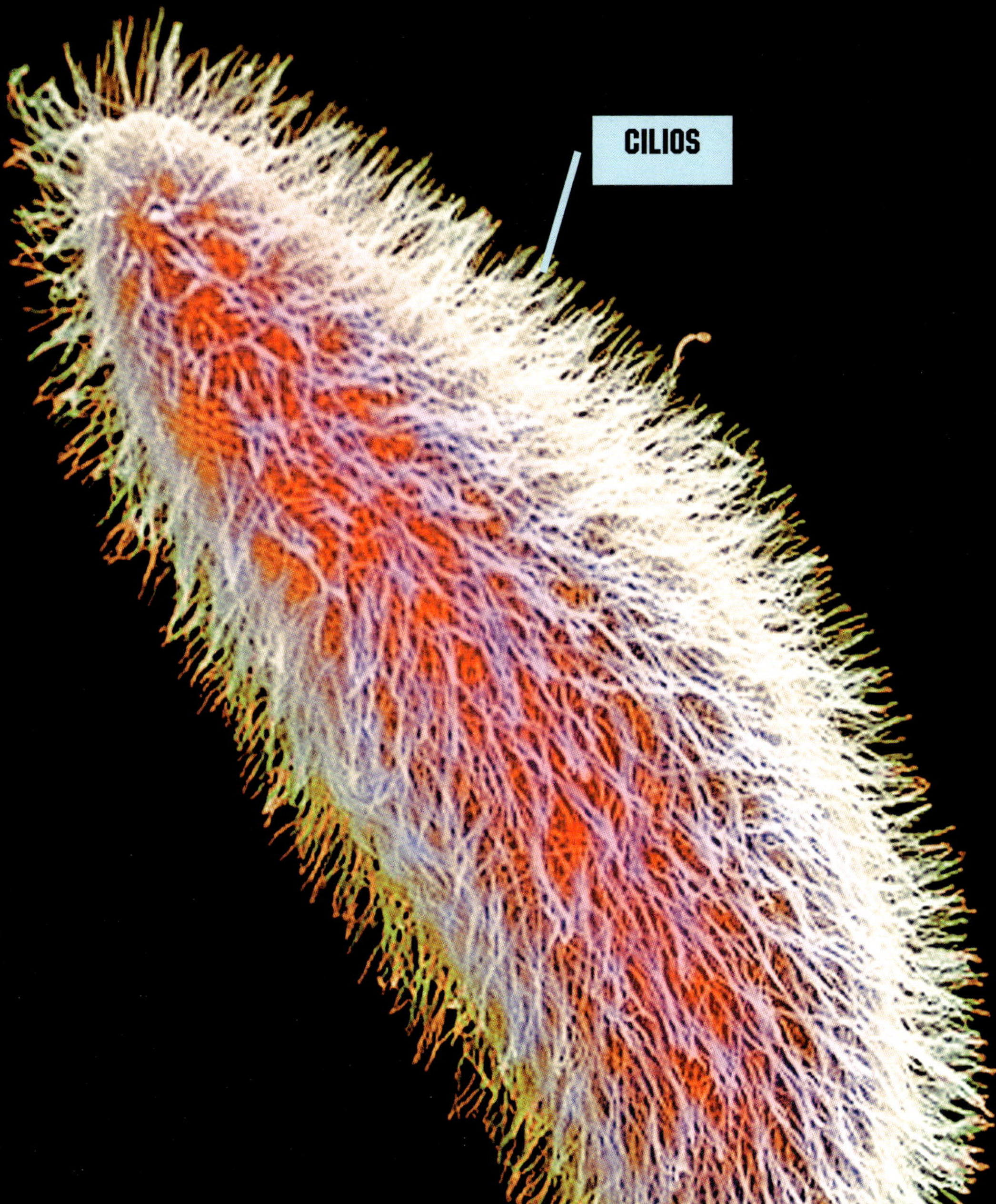

SI QUIERES SABER MÁS

Muchos protozoos tienen unos apéndices llamados flagelos o cilios que los ayudan a moverse a través del agua.

Las amebas son un tipo de protozoos. Usan unas extremidades llamadas pseudópodos, parecidas a los pies, para moverse; se forman y salen del organismo cuando es necesario. Ayudan a la ameba a aferrarse a las superficies y a desplazarse.

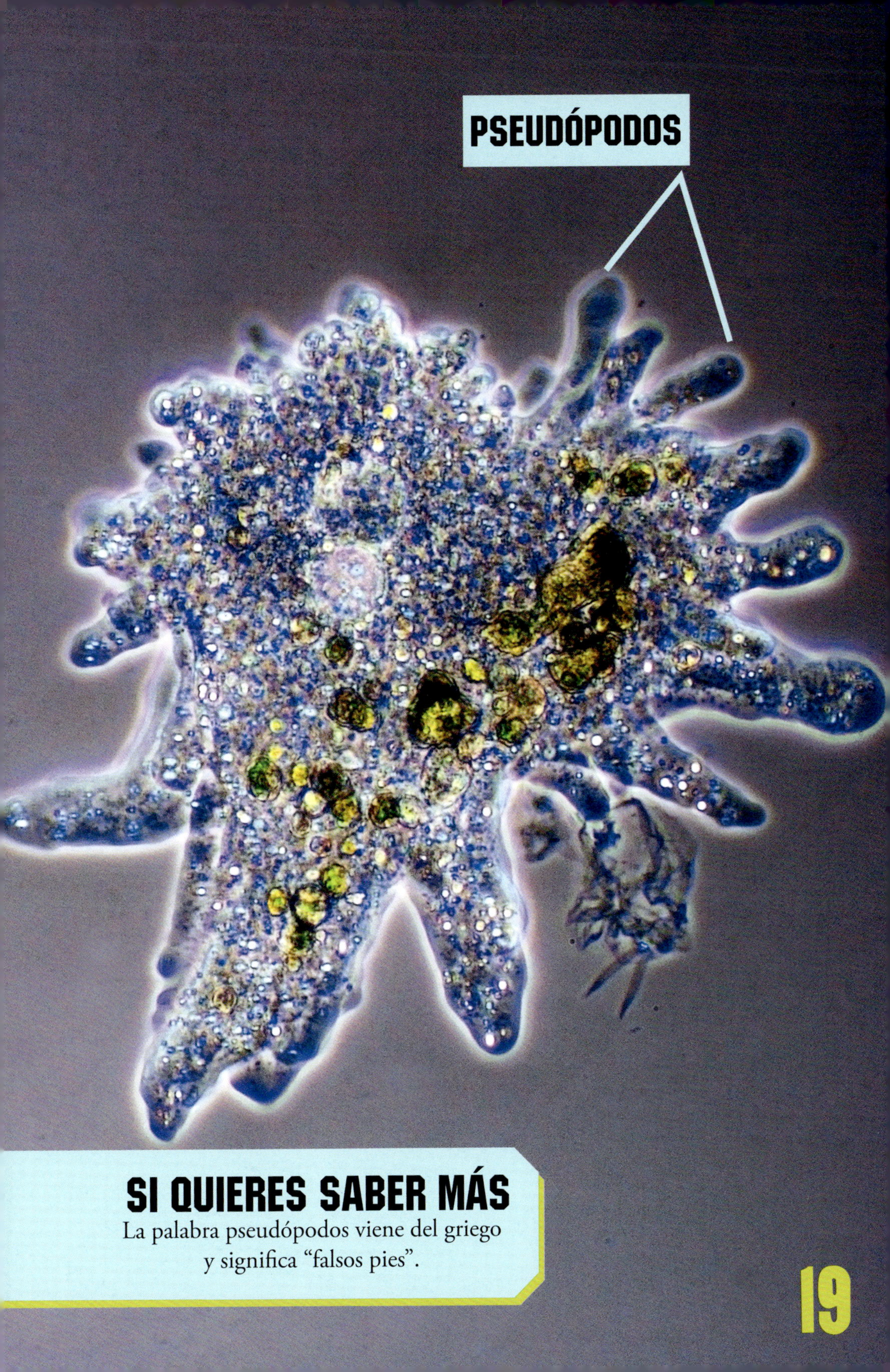

SI QUIERES SABER MÁS

La palabra pseudópodos viene del griego y significa "falsos pies".

El Plasmodium es una especie de protozoo que es parásito. **Infecta** los glóbulos rojos de muchos animales y causa una enfermedad llamada malaria. En los seres humanos el paludismo, o malaria, produce **fiebres**, escalofríos y otros síntomas graves.

SI QUIERES SABER MÁS

El *Plasmodium* se transmite a los animales, o a los seres humanos, a través de la picadura de un mosquito *Anopheles* hembra.

PROTISTAS PEGAJOSOS

Los mohos pegajosos son protistas que alguna vez se creyeron hongos; comparten algunas características con ellos. Por ejemplo, a veces producen esporas. Tanto los mohos como los hongos utilizan esporas para **reproducirse**.

SI QUIERES SABER MÁS

Como muchos hongos, ciertos mohos pegajosos viven sobre materia muerta.

Los mohos pegajosos también actúan como animales. ¡Pueden moverse! Lo hacen como células individuales. Sin embargo, a veces muchas de estas células se juntan, formando una **capa** ¡que se desplaza por el suelo del bosque!

SI QUIERES SABER MÁS

El moho pegajoso no es rápido. Una clase, el *Physarum polycephalum*, solo alcanza 0.04 pulgadas (1 mm) por hora.

PROTISTAS GENIALES

Muchos protistas son muy útiles. Por ejemplo, las algas producen **oxígeno** durante la fotosíntesis. Los científicos creen que las algas nos proporcionan algo así como la mitad del oxígeno del mundo. También proporcionan alimento a muchos otros organismos.

SI QUIERES SABER MÁS

Los científicos estudian los protistas para aprender más sobre las células. También para buscar nuevas formas de tratar enfermedades.

Los protistas suelen clasificarse según actuen como plantas, animales u hongos. Sin embargo, es importante recordar que no son ninguno de esos organismos. ¡Componen su propio grupo de seres vivos, muy **diversos** entre sí, y muy especiales!

SI QUIERES SABER MÁS

Los protistas pueden ser tan diferentes unos de otros, que su **reino** se llama a veces "el cajón de basura".

VIVIR COMO UN PROTISTA

LAS ALGAS y las plantas producen su alimento mediante fotosíntesis.

LOS PROTOZOOS, MOHOS PEGAJOSOS y animales, se mueven y comen otros organismos.

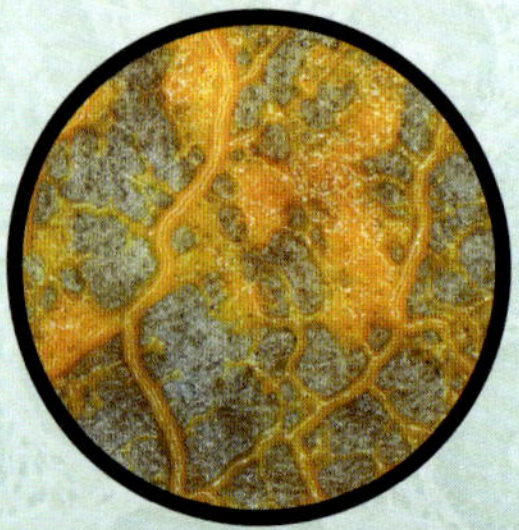

LOS MOHOS PEGAJOSOS y los hongos suelen reproducirse por esporas.

GLOSARIO

capa: zona que está inmediatamente por encima o por debajo de otra.

diverso: distinto, diferente.

fiebre: temperatura corporal más alta de lo que es normal o saludable.

fotosíntesis: proceso por el cual las plantas verdes y algunos protistas utilizan la luz para convertir el agua y el dióxido de carbono en alimento y oxígeno.

hongos: seres vivos que son algo así como las plantas, pero que no hacen su propio alimento, ni tienen hojas ni son verdes.

húmedo: algo mojado.

infectar: propagar algo dañino, una enfermedad.

membrana: capa suave y fina de materia viva.

núcleo: parte central de una célula eucariótica.

nutriente: algo que un ser vivo necesita para crecer y seguir viviendo.

oxígeno: gas incoloro e inodoro que muchos animales, incluidas las personas, necesitan respirar; ciertas algas lo producen.

reino: grupo principal donde se pueden clasificar los organismos.

reproducirse: proceso por el que un organismo crea otra criatura igual a sí mismo.

PARA MÁS INFORMACIÓN

LIBROS

Arbuthnott, Gill. *Your Guide to Life on Earth*. New York, NY: Crabtree Publishing Company, 2016.

Spilsbury, Louise and Richard. *Microorganisms*. Chicago, IL: Heinemann Library, 2014.

SITIOS DE INTERNET

Biología para niños: Protistas
www.ducksters.com/science/biology/protists.php
Aprende más sobre los protistas y resuelve un acertijo.

***The Blob*: Mohos pegajosos**
herbarium.usu.edu/fun-with-fungi/slime-molds
Más información sobre los mohos pegajosos en este sitio.

Nota del editor para educadores y padres: nuestro personal especializado ha revisado cuidadosamente estos sitios web para asegurarse de que son apropiados para los estudiantes. Muchos sitios de internet cambian con frecuencia, por lo que no podemos garantizar que posteriores contenidos que se suban a esas páginas cumplan con nuestros estándares de calidad y valor educativo. Tengan presente que se debe supervisar cuidadosamente a los estudiantes siempre que tengan acceso al Internet.

ÍNDICE

algas, 12, 14, 26, 30
amebas, 18
célula, 4, 5, 14, 24, 27
cilios, 17
especies, 8
esporas, 22, 30
eucariontes, eucariotas, 6, 7
flagelos, 17
fotosíntesis, 13, 26, 30, 31
kelp, 14, 15
membrana, 6, 31
microscopio, 11
mohos pegajosos, 22, 23, 24, 25, 30
núcleo, 6, 7, 31
nutrientes, 16, 31
organismo, 4, 5, 6, 8, 16, 26, 28
parásitos, 10, 20
Plasmodium, 20, 21
protozoos, 16, 17, 18, 20, 30
pseudópodos, 18, 19
unicelular, 5